© Flávia Aidar, Januária Cristina Alves, 2019

EDIÇÃO DE TEXTO: Lisabeth Bansi, Patrícia Capano Sanchez
COORDENAÇÃO DE EDIÇÃO DE ARTE: Camila Fiorenza
PROJETO GRÁFICO: Camila Fiorenza, Caio Cardoso
DIAGRAMAÇÃO E CAPA: Michele Figueredo
ILUSTRAÇÕES: Diogo Cesar, Weberson Santiago
COORDENAÇÃO DE ICONOGRAFIA: Luciano Baneza Gabarron
PESQUISA ICONOGRÁFICA: Cristina Mota, Maria Marques
COORDENAÇÃO DE REVISÃO: Elaine C. del Nero
REVISÃO: Nair Hitomi Kayo
COORDENAÇÃO DE BUREAU: Rubens M. Rodrigues
TRATAMENTO DE IMAGENS: Marina M. Buzzinaro, José Fernando Bertolo, Luiz Carlos Costa
PRÉ-IMPRESSÃO: Vitória Sousa
COORDENAÇÃO DE PRODUÇÃO INDUSTRIAL: Wendell Jim C. Monteiro
IMPRESSÃO E ACABAMENTO: BMF Gráfica e Editora
LOTE: 773.088
Cod: 12118075

Dados Internacionais de Catalogação na Publicação (CIP)
(Câmara Brasileira do Livro, SP, Brasil)

Aidar, Flávia
    Como não ser enganado pelas fake news / Flávia Aidar, Januária Cristina Alves. – 1. ed. – São Paulo: Moderna, 2019. – (Coleção informação e diálogo).

    ISBN 978-85-16-11807-5

    Bibliografia
    1. Ética 2. Informação - Circulação 3. Informação - Fontes 4. Meios de comunicação 5. Notícias falsas 6. Verdade e falsidade I. Alves, Januária Cristina. II. Título. III. Série.

19-24210   CDD-302.23

Índices para catálogo sistemático:
1. Circulação de notícias falsas: Combate: Meios de comunicação: Sociologia 302.23

Maria Paula C. Riyuzo - Bibliotecária - CRB-8/7639

REPRODUÇÃO PROIBIDA. ART. 184 DO CÓDIGO PENAL E LEI Nº 9.610, DE 19 DE FEVEREIRO DE 1998.

Todos os direitos reservados
EDITORA MODERNA LTDA.
Rua Padre Adelino, 758 – Belenzinho
São Paulo – SP – Brasil – CEP 03303-904
Vendas e atendimento: Tel. (11) 2790-1300
www.modernaliteratura.com.br
2023
Impresso no Brasil

Flávia Aidar

Professora de História formada pela Universidade de São Paulo (USP), assessora pedagógica e autora de livros e materiais didáticos e paradidáticos para crianças e jovens.

Januária Cristina Alves

Jornalista, mestre em Comunicação Social pela Escola de Comunicação e Artes a Universidade de São Paulo (USP), infoeducadora e educomunicadora; autora de mais de 50 livros para crianças e jovens.

1ª edição
2019

Sumário

E eu com isso?   **7**

O poder das *fake news*   8

O que são *fake news* e como combatê-las   **8**

Fake news – Tocando o terror   **8**

O que são *fake news*?   **11**

Um fato, vários sentidos   **12**

Algumas *fake news* que fizeram história!   **14**

Mentiras profundas: *Deep fake news*   **16**

O que o olho (não) vê   **17**

Como identificar *fake news* e *junk news*?   **19**

Fake news é crime?   **23**

O poder da informação e da notícia   24

Um mundo cheio de números   **24**

Vamos entender o que é informação?   **26**

A informação, o fato e a notícia   **28**

O mundo da informação e seus canais de divulgação   **32**

As notícias circulam na mídia   **32**

As mídias sociais   **33**

Facebook: canal de mídia ou plataforma de relacionamento?   **35**

Uma reportagem nota 10	**39**
Informação: um direito de todos	**43**
Serviço Público e liberdade de expressão – o que diz a nossa Constituição Federal	**43**
Alerta vermelho: o Brasil revela grande concentração dos meios de comunicação nas mãos de poucos	**45**
Imprensa livre tem tudo a ver com Democracia	**46**
Ditadura e censura	**46**
Jornalismo e censura	**47**
Política *versus* imprensa	**48**

O poder do leitor — 50

Leitor *versus* consumidor de notícias	**50**
Leitura crítica das mídias – como se faz?	**54**
Mapa do leitor crítico	**56**

Por que este livro está longe de acabar? — 58

Referências bibliográficas — 59

E eu com isso?

Quando você, caro leitor, começar a ler este livro, muito do que está escrito aqui já terá mudado. Incontáveis notícias, falsas ou verdadeiras, circulam o tempo todo com tanta rapidez que, se não estivermos atentos, poderemos nos perder nesse mar de vozes, nesse verdadeiro *tsunami* de informações que as tecnologias digitais derramam sobre nós, todos os dias.

Pode ser que você se pergunte: e eu com isso? O que eu tenho a ver com as notícias que circulam aos montes por aí? O que muda na minha vida se eu leio ou não tudo o que é publicado ou se compartilho ou não as informações que recebo?

No mundo em que vivemos, para o bem ou para o mal, cada um de nós tem o poder de espalhar notícias, sejam elas verdadeiras ou falsas. Portanto, somos todos responsáveis pelos conteúdos que circulam nas diversas mídias, por aqueles que informam e pelos que "deformam".

E só há uma arma para combater as *fake news*: a leitura crítica de todas as informações que circulam por aí. E como fazer isso?

O poder das *fake news*

O que são *fake news* e como combatê-las

Fake news – Tocando o terror

ASTEROIDE VAI SE CHOCAR COM A TERRA

Agora é sério! O mundo vai acabar após asteroide se chocar com a Terra no dia 16 de fevereiro!

Com um título assustador, essa "notícia" se espalhou pelos quatro cantos do mundo. Era 2017 e o fato de estarmos vivos agora deixa claro que a matéria não passava de um exemplo das clássicas *fake news*. Mas como desconfiar das informações e evitar compartilhar e espalhar uma notícia falsa como essa?

No caso do asteroide, a agência *Boatos.org* (www.boatos.org) percorreu esse caminho e descobriu que o astrônomo citado como o responsável pela informação do fim do mundo, um russo de nome Dyomin Damir Zakharovich, não existia ou pelo menos não era nem um pouco importante no mundo científico. Muitas vezes, portanto, basta "dar um *google*", ou seja, checar a informação.

Números

QUEM TEM MEDO DAS *FAKE NEWS*?

Uma pesquisa de janeiro de 2018, encomendada pela revista *Veja*, mostra que 83% dos entrevistados têm medo de compartilhar notícias falsas em suas redes sociais e grupos de WhatsApp. Por outro lado, a mesma pesquisa revela que 63% das pessoas ouvidas não se preocupam em checar a veracidade das notícias antes de compartilhá-las, mesmo tendo medo de terem sido enganadas.

Fonte: https://tinyurl.com/yx94ffdp.

INVESTIGADOR DE MENTIRAS

O *site Boatos.org* foi criado em 2013 pelo jornalista Edgard Matsuki. Seu objetivo é ajudar o usuário da internet a checar as notícias falsas que circulam por aí.

Existem diversos grupos que estão se tornando cada vez mais especializados em identificar as *fake news*: *Agência Lupa*, *Buzzfeed*, *Aos Fatos*, *Fato ou Fake*, *A Pública* e muitas outras. Eles prestam um bom serviço para o leitor desavisado e compartilham suas informações também nos grandes meios de comunicação.

O que são fake news?

De acordo com o *Dicionário de Cambridge*, fake news é uma história falsa que aparenta ser notícia, propagada por meio da internet ou outra forma de mídia, e que transmite informações equivocadas, distorcidas e sensacionalistas, criadas geralmente para influenciar determinado público-alvo.

Desde que o ser humano começou a se comunicar, desenvolveu a habilidade de defender seus pontos de vista, seus interesses, e por meio da palavra aprendeu a dizer não apenas o que queria, mas o que lhe interessava dizer. E daí para uma "pequena mentirinha" ou "um pequeno ajuste da realidade" foi um pulo. Das fofocas às *fake news*, o que mudou foi a velocidade com a qual essas informações e notícias falsas se propagam, especialmente impulsionadas pelas redes sociais!

Um fato, vários sentidos

Também conhecida como pós-verdade, há vários sentidos que são atribuídos às *fake news:*

1 Alguns definem *fake news* simplesmente como um conteúdo falso escrito no formato tradicional de notícia com a intenção de se passar por um fato de verdade.

©WEBERSON SANTIAGO

2 Outros a compreendem como informações erradas divulgadas sem a intenção de contar uma mentira. Nesse caso, reportagens mal apuradas e incompletas. No jargão jornalístico são chamadas de "barriga", ou seja, quando o repórter "comeu bola", o chefe dele também, e a imprensa oficial torna-se responsável por publicar uma notícia falsa. Ninguém teve o cuidado de checar a informação!

3 Há também os que acreditam que *fake news* são notícias e informações verdadeiras, mas que foram selecionadas e apresentadas pelos próprios meios de comunicação com a intenção de fazer o leitor acreditar em determinada versão dos fatos. A isso chamamos de manipulação.

BOIMATE: EXEMPLO DE "BARRIGA" OU NOTÍCIA FALSA

Há muitos exemplos, alguns divertidos e outros bastante trágicos e lamentáveis de *barrigas* cometidas por importantes jornalistas e grandes veículos de comunicação. Um deles foi o publicado pela revista *Veja* em 27 de abril de 1983. Imagine que a notícia anunciava que cientistas tinham produzido a fusão entre vegetais e animais, resultando num "boimate", cruzamento de um boi com um tomate. Só rindo mesmo...

Veja outras barrigas divertidas:

https://tinyurl.com/y4e5yaxf

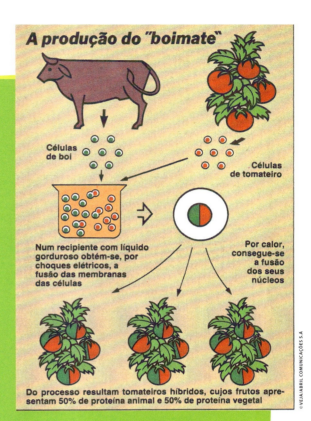

Engana-se quem pensa que *fake news* são coisas do século XXI. Elas são tão antigas quanto o próprio ser humano!

Algumas *fake news* que fizeram história!

No século XVI foram inventadas deliciosas viagens a terras inexistentes e seus animais maravilhosos. Os relatos dos viajantes que buscavam alcançar o Novo Mundo alimentavam a imaginação dos europeus sobre o lugar e os povos fantásticos que encontrariam nas Américas.

Em 1865, a foto de um fazendeiro segurando uma enorme batata, pesando cerca de 40 kg, foi publicada em um jornal do Colorado (EUA). Diante de inúmeros leitores pedindo mudas desse tubérculo gigante, o que começou como uma brincadeira virou uma dor de cabeça que teve que ser esclarecida: como ainda não havia *Photoshop*, aquela batata, na verdade, havia sido esculpida em madeira.

Em 1917, duas primas que viviam em Cottingley (Inglaterra) enganaram o mundo com uma série de fotos em que apareciam rodeadas por fadas! Elas só foram desmentir o caso em 1983, já bem velhinhas, dizendo que tinham feito as fotos usando moldes de papelão.

Procurando divulgar o espaguete na Inglaterra, a BBC (grupo de mídia inglês), em 1957, fez uma brincadeira típica de 1º de abril, que acabou sendo entendida como verdade. Nessa época, a TV já alcançava 44% das residências britânicas e muita gente acreditou que macarrão espaguete nascia em árvores.

Se há muitas *fake news* divertidas e sem grandes consequências, há outras muito graves e desastrosas. Esta foto foi feita com a intenção de induzir a população de Mianmar a acreditar que os Rohingya eram terroristas. Essa imagem provocou uma reação que levou à quase extinção, em 2017, dessa minoria mulçumana. A foto, na verdade, era de Bangladesh, e foi tirada em 1971.

SE AS FAKE NEWS SEMPRE EXISTIRAM, O QUE MUDOU?

Há muitas diferenças entre a mídia digital e a tradicional, e isso deve ser levado em conta quando se trata de *fake news*. Elas atingiram uma audiência bem maior por causa dos meios em que circulam nos dias de hoje.

De um modo simples e direto, podemos chamar de **small data** a informação mais qualificada, porém com uma menor quantidade de dados. Já a **big data** se caracteriza por um enorme volume, velocidade e variedade de dados e informações.

Observe e reflita sobre as particularidades de cada uma:

BIG DATA
MÍDIA DIGITAL
Redes Sociais

SMALL DATA
MÍDIA TRADICIONAL
Jornais, TV, Rádio etc.

SUPER ÁGIL
A qualquer momento, a pessoa pode disparar uma grande quantidade de mensagens e publicar os fatos que estão ainda acontecendo.

LENTO
A notícia segue um conjunto de etapas e requer um tempo até ser divulgada: apuração, redação, revisão, impressão ou transmissão.

LARGA ESCALA
A divulgação é em rede e o alcance dos fatos e informações é enorme e incontrolável.

ESCALA REDUZIDA
Por maior que seja o público, o alcance da informação é menor do que nas mídias digitais.

DESCENTRALIZADO
Todo mundo pode produzir, divulgar e compartilhar informações e notícias pelas mídias digitais.

CENTRALIZADO
As informações e notícias partem das empresas de comunicação para os leitores, telespectadores e ouvintes.

ALTA INTERATIVIDADE EM TEMPO REAL
O tempo todo estamos *on-line*, conversando com diferentes pessoas ou grupos, em diversas plataformas digitais.

BAIXA INTERATIVIDADE
Há pouca ou nenhuma comunicação com os leitores, telespectadores e ouvintes em tempo real.

FAKE NEWS DESMASCARADA EM TEMPO REAL
Tão rápidas como surgem, as *fake news* também são desmascaradas quase que simultaneamente pelas mesmas mídias digitais.

FAKE NEWS DESMASCARADA SEM AGILIDADE
Há muitas equipes trabalhando na apuração da verdade, mas esse processo de checagem leva algum tempo.

Mentiras profundas: Deep fake news

FATO OU FAKE?

O aquecimento global, que até pouco tempo atrás era um fato indiscutível, passou a ser um tema polêmico. Crenças e valores se tornaram argumentos mais importantes do que evidências científicas. Isso nos leva a pensar que as *fake news* "venceram", isto é, que estamos vivendo num mundo da pós-verdade, um mundo em que empresários, lobistas e políticos semeiam dúvidas para evitar leis que possam, eventualmente, atrapalhar seus negócios.

Os avanços tecnológicos estão possibilitando que as *fake news* entrem numa nova fase, a das *deep fake news*. Um simples aplicativo permite colocar o rosto de alguém famoso em um vídeo qualquer e, com isso, produzir um filme falso que parece muito verdadeiro. Até porque tendemos a achar que toda imagem, fotografia ou vídeo é a prova de que o fato é real e aconteceu mesmo.

É impressionante! Veja alguns exemplos do uso de imagens sintetizadas digitalmente no *link* abaixo (vídeo em inglês) e confira como parecem ser verdadeiras.

https://www.youtube.com/watch?v=knRGxj37AjM.

Pensar +

Essas possibilidades nos fazem ver a importância da leitura não só de textos, mas também de imagens. Hoje em dia não basta saber ler, temos que saber interpretar todas as linguagens em diferentes plataformas.

O que o olho (não) vê

Fotografias e filmes ou vídeos não são a expressão da verdade dos fatos. Muitas vezes eles são o resultado do que a pessoa que está atrás da câmara está querendo mostrar, a partir do que ela está vendo. Um bom exemplo é a ilustração acima: o *cameraman* está focando apenas uma parte da cena que está acontecendo na frente dele. Veja só que diferença de informação a escolha de enquadramento dele foi capaz de produzir: ela faz com que o espectador pense exatamente o contrário do que estava, de fato, ocorrendo naquele momento.

Com os recursos digitais que temos hoje, aumenta ainda mais, e de modo mais radical, a possibilidade de se manipular as imagens e espalhar as *deep fake news*. Nossos olhos e ouvidos podem ser facilmente manipulados...

17

QUEM CRIOU O APP DE IMAGENS?

Você já viu os vídeos que o jovem cientista Supasorn Suwajanakorn tem produzido? Ele foi o líder do grupo de pesquisa de inteligência artificial do Google (Google Brain). Por meio de um aplicativo construído por ele, pode-se criar modelos em 3D de rostos em movimento a partir de fotos comuns e vídeos preexistentes. O programa é capaz de capturar detalhes e expressões do rosto para reconstruir uma cabeça falante.

Veja no *link* ao lado como é impressionante e assustador o que ele consegue fazer com esse recurso (conteúdo em inglês, com legendas em português).

Após receber muitas críticas, Supasorn tem se dedicado a desenvolver um outro programa (sem previsão para o lançamento) chamado "Defensor da realidade", que funcionará alertando sobre vídeos e fotos falsas.

https://tinyurl.com/y2cz9fcd

18

Como identificar fake news e junk news?

Todos os dias, circulam inúmeras *fake news* pelos nossos grupos de WhatsApp, no Facebook, no Youtube e até mesmo nos jornais e canais de TV. As celebridades e os políticos são pratos cheios e alvos de muitas mentiras. Algumas notícias são falsas mesmo, outras, as chamadas *junk news,* se caracterizam por tirar o contexto de um determinado assunto para dar outro sentido àquela notícia ou fato.

Para combater as *fake news*, primeiro é necessário saber quais são os ingredientes que compõem uma notícia falsa. Estes três são infalíveis, confira:

! Caráter alarmista (falsas notícias que já começam fazendo um alerta para nós...CUIDADO! PERIGO! ATENÇÃO! etc.).

! Erros de português (falta de concordância, frases sem sentido etc.).

! Apelo para compartilhamento ("COMPARTILHE NA SUA REDE!"; "NÃO QUEBRE ESTA CORRENTE!" etc.).

10 alertas para identificar *fake news* ou *junk news*

1
CHECAR A FONTE

Você sabe quem está publicando a notícia? A fonte está identificada? É uma fonte segura? Conhecida? Confiável?

2
SABER QUEM É O AUTOR

As notícias têm que ter um autor. E o autor tem que ser confiável. Veja quem escreveu a notícia e confira se a pessoa é credenciada para falar sobre o assunto.

3
IDENTIFICAR O *SITE*

Fique atento às semelhanças dos nomes dos *sites*. Para confundir o leitor, eles colocam nomes parecidos com os de canais de comunicação conhecidos.

4
OBSERVAR A DATA DA PUBLICAÇÃO

Muitas vezes são "notícias requentadas", ou seja, que aconteceram há muito tempo e agora aparecem em outro contexto. O mesmo acontece com imagens: uma foto de um evento antigo é usada para ilustrar um acontecimento recente.

5
EVITAR CONTEÚDOS SENSACIONALISTAS E ALARMISTAS

Há muitos *sites* desse tipo, fique longe deles!

6
OBSERVAR A CORREÇÃO DO TEXTO

Erros de português são comuns, desconfie.

7
FICAR ATENTO ÀS FOTOMONTAGENS OU VÍDEOS MANIPULADOS

Se você duvida que seu artista favorito disse "aquilo", cheque se é verdade antes de compartilhar.

8
FICAR ATENTO AO QUE "CURTE" NA REDE, ESPECIALMENTE NO FACEBOOK

Muitas vezes, por meio de um clique dado em algum anúncio, sem perceber você é direcionado para *sites* enganosos.

9
DESCONFIAR ATÉ DO WHATSAPP

Ele também tem funcionado como um canal de divulgação de *fake news*. Muitas vezes, o autor da mensagem é um amigo ou mesmo um familiar, mas mesmo conhecendo-o bem, confira antes de compartilhar a informação!

10
DENUNCIAR AS *FAKE NEWS*

O WhatsApp tem uma função que permite denunciar mensagens falsas e tendenciosas. Confira o passo a passo para o seu sistema operacional (Android ou iOS) no *link*: https://tinyurl.com/yyjyfhgc.

Números

COMO UM FOGUETE – *FAKE NEWS* NAS REDES SOCIAIS

"Se num vilarejo onde moram dez pessoas pode ser difícil saber o que é a verdade, como podemos falar em buscar a verdade num mundo com 7 bilhões de s*apiens* ligados nas mídias sociais?"

Tweet de Luiz Felipe Pondé. Disponível em: https://twitter.com/lf_ponde/status/1082388910007697408.

"As *fake news* se espalham muito mais rápido do que as notícias verdadeiras", revela o maior estudo feito sobre o assunto publicado em março de 2018 na revista científica *Science* e realizado por pesquisadores do Massachusetts Institute of Technology (MIT), dos Estados Unidos.

O mesmo estudo revela que, por meio das redes sociais, as mentiras, além de se alastrarem numa velocidade assustadora, têm 70% mais chance de serem retransmitidas do que as notícias verdadeiras. A proliferação de boatos no Facebook e a forma como o **feed de notícias** funciona foram decisivos para que informações falsas tivessem esse alcance todo que estamos vendo.

Leia a matéria na íntegra:

https://glo.bo/2DtwJYn

Feed de notícias

É o mecanismo que faz com que determinados conteúdos apareçam na sua página do *Facebook*.

Pensar +

O que faz com que sua página seja alimentada (*feed*, em inglês, quer dizer alimentar) com determinadas informações e tipos de conteúdo? Os algoritmos do Facebook, isto é, uma série de códigos de programação filtram o que vai ou não chegar para ser lido por você. Não é à toa que, de alguma forma, os *posts* que aparecem são sobre pessoas e assuntos que lhe interessam. Isso faz com que a gente acredite que todos pensam como nós, e aquilo que difere do que acreditamos não merece ser lido nem respeitado.

Como não ser enganado pelas *fake news* | O poder das *fake news* 23

Um mundo cheio de números

Observe os números a seguir:

O mundo digital em 1 MINUTO

103.447.250
e-mails classificados como SPAM são enviados.

4.146.600
vídeos são assistidos no Youtube.

2.657.700 GB
Norte-americanos utilizam em dados na internet.

456.000
tweets são publicados.

45 MIL
novas corridas no Uber.

154.200
chamadas são realizadas no Skype.

527.760
fotos são compartilhadas no Snapchat.

120
novos profissionais se cadastram no Linkedin.

69,44 HORAS
de *streaming* são consumidas no Netflix.

3.607.080
pesquisas são realizadas no Google.

46.740
fotos são postadas no Instagram.

15.220.700
SMS são enviados.

13
novas músicas são postadas no Spotify.

População mundial com acesso à internet:

| 2,5 bilhões em 2012 | 3 bilhões em 2014 | 3,4 bilhões em 2016 | 3,7 bilhões em 2017 |

2,5 QUINTILHÕES
de bytes são gerados diariamente, 25 milhões de Terabytes.

São números astronômicos e impressionantes, não acha? E o que será que eles nos dizem? Sabemos que há diversas maneiras de se "ler" números, mas, neste quadro, fica evidente que vivemos imersos no meio digital sem volta. E que hoje, mais do que nunca, é preciso saber se mover nesse mundo com a rapidez que isso requer, sem negligenciar a consciência, a segurança e o senso crítico. Não parece fácil, não é mesmo?

Fonte: Portal *Olhar Digital*. Disponível em: http://tinyurl.com/y4nc9etm.

Vamos entender o que é informação?

Se disserem que na cidade para a qual você vai viajar está fazendo 38 graus Celsius e você não faz ideia do que isso significa, isto é, não sabe se é quente ou frio, dizer 38 °C não passa de um dado sem sentido. Se, por outro lado, você foi informado de que 38 °C é uma temperatura considerada alta e quente, você passa a ter uma informação e, provavelmente, diante dela saberá tomar as providências necessárias para enfrentar o calor, tanto em relação à roupa que vai levar, quanto à importância de se manter hidratado, ao uso de protetor solar etc.

Podemos dizer que informação é um conjunto de dados organizados que capacitam as pessoas a tomarem decisões coerentes e racionais. Um bom exemplo é uma bula de remédio, pois lá estão informações importantes sobre os componentes, a forma correta de tomar, as indicações de uso, alertas etc.

De cara já podemos concluir que nem toda informação é notícia, embora as notícias contenham informações. Deu para entender?

"A internet ainda é um mundo selvagem e perigoso. Tudo surge lá sem hierarquia. A imensa quantidade de coisas que circula é pior que a falta de informação. O excesso de informação provoca amnésia. Informação demais faz mal. Quando não lembramos o que aprendemos, ficamos parecidos com animais. Conhecer é cortar, é selecionar.

[A solução para o excesso de informação]: (...) seria preciso criar uma teoria da filtragem. Uma disciplina prática, baseada na experimentação cotidiana com a internet. (...) Conhecer é filtrar."

Umberto Eco, escritor, em entrevista à revista Época, 2 jan. 2012.

Pensar +

Vamos imaginar um mundo sem nenhuma informação ou notícia. Você consegue pensar como seria? Como ficaria a nossa comunicação sem o celular, sem a internet, rádio, TV ou jornal e tudo o que esses meios de comunicação nos possibilitam? Do que você sentiria mais falta?

A informação, o fato e a notícia

Quais destes dois fatos ou acontecimentos poderia virar notícia e ser publicado como manchete de um jornal ou mesmo se transformar numa notícia de TV, anunciada com todo o estardalhaço num belo fim de tarde de domingo?

"Minha melhor amiga, a Luciana, quebrou o dedinho do pé na véspera de sua festa de 15 anos."

"Neymar, o craque do futebol, quebrou o dedinho do pé na véspera da final da Copa das Confederações."

Muito provavelmente, Luciana vai ter problemas para dançar na sua própria festa de debutante, concorda? Lamentamos por ela, mas seu acidente não será notícia na mídia nem ganhará a atenção dos brasileiros, embora ela seja sua amiga querida.

Mas se esse mesmo fato acontecesse com o Neymar, este seria o assunto do dia em todos os meios de comunicação do Brasil e também de muitos outros países do mundo.

E dá-lhe imagens do Neymar com o pé para cima, entrevistas, e por aí vai...

A essa altura já dá para saber que um fato deve preencher determinados critérios para virar notícia, não é mesmo?

Os 4 i's da notícia

Incomum – Ser incomum e relevante.
Interessante – Ser um acontecimento interessante e significativo.
Importante – Ser sobre pessoas, lugares ou situações importantes.
Impactante – Ser capaz, por diversas razões, de afetar a vida de muitas outras pessoas na cidade, no país ou no mundo.

Os fatos que se tornam relevantes e se transformam em notícia apresentam como principais caraterísticas a condição de:

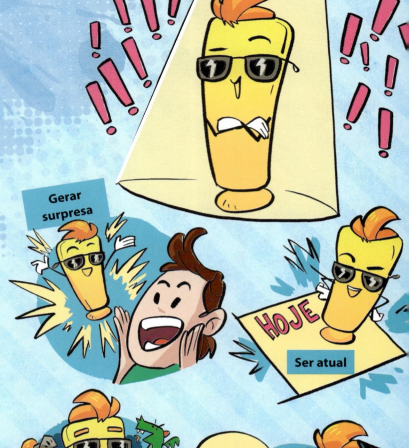

Gerar surpresa

Ser atual

Despertar interesse no público | despertar curiosidade

Ter proximidade com o leitor

Apresentar conflitos | ter dramaticidade

Gerar conhecimento

Tratar de temas relevantes | falar de pessoas notórias

Impactar a vida de pessoas, comunidades, cidades, países

Gerar consequências e desdobramentos

Este é o célebre exemplo dentro do jornalismo que define o que é ou não notícia: Um cachorro mordendo um homem, ou um homem mordendo um cachorro?

PARA NÃO DEIXAR DÚVIDAS
- **Fato:** existe o relógio da Estação Central (foto ao lado).
- **Informação:** é quando você olha para cima, vê o relógio da Central do Brasil e diz a hora que está marcando. O horário é a informação que você está transmitindo.
- **Notícia:** é quando você olha para cima e o relógio cai na sua cabeça.

Nesse livro, o autor faz um alerta importante e dramático contra o excesso de informação. Será que precisamos saber de tudo isso para vivermos neste mundo? Que tipo de informação ou notícia fará diferença em nosso cotidiano? Será que estamos obesos de tanta informação?

JOHNSON, Clay A. *A dieta da informação:* Uma defesa do consumo consciente. São Paulo: Editora Novatec, 2012.

Como não ser enganado pelas *fake news* | O poder da informação e da notícia

O mundo da informação e seus canais de divulgação

Como vocês já viram, toda notícia contém informações, mas nem toda informação é notícia.

Uma bula de remédio é pura informação, mas nela não há um pingo de notícia. As notícias exigem uma série de características para serem consideradas como tais.

Além dos critérios expressos pelos **4 i's**, a notícia exige uma forma diferenciada de tratamento da informação e, dado seu caráter de utilidade pública, ela precisa circular da forma mais ampla possível.

Então, sempre que pensamos em notícias, devemos ter em mente também os **meios de comunicação** que as fazem circular e nos alcançam por diversos canais, mídias ou plataformas.

As notícias circulam na mídia

Mídia é o conjunto dos diversos meios de comunicação social oral, escrita ou digital (jornal, TV, rádio, internet) que tem a finalidade de transmitir informações, notícias e os mais diversos tipos de conteúdo.

Na língua portuguesa, o termo mídia se originou do inglês *media*, a versão simplificada de *mass media*, que é exatamente a expressão utilizada para se referir aos meios de comunicação de massa.

A mídia está relacionada com o jornalismo, mas também com outras especialidades da comunicação social, como a publicidade.

As mídias sociais

Com a internet, os canais de comunicação (a mídia) se diversificaram e ampliaram o número de vozes que agora tratam de assuntos que nem sempre circulam nas chamadas "grandes mídias" ou grupos de comunicação tradicionais, como jornais e revistas, canais de televisão e rádio. Com a chamada **mídia alternativa**, temas que antes eram ignorados pelos meios de comunicação de massa passam a ser discutidos nas plataformas *on-line*, principalmente nas redes sociais.

As mídias sociais trouxeram um modo mais ágil, simples, direto e barato de noticiar os fatos. Tanto no Brasil como no mundo todo, surgiram muitos *sites* e *blogs* noticiosos feitos por jornalistas independentes. Mas nem todos que produzem ou divulgam notícias e informações são jornalistas e, mesmo sendo, nem sempre são rigorosos ou competentes na hora de apurar a notícia.

As **redes sociais** como Facebook, Twitter e Instagram, por exemplo, são importantes meios de comunicação digital. Se por um lado elas têm contribuído para a democratização da informação e do conhecimento, é também por meio delas que temos assistido à multiplicação de *fake news* e ao acirramento do ódio e da intolerância.

CHECAR, CHECAR E CHECAR!...

A regra de ouro é não publicar o que não foi checado (pelo menos duas ou três vezes), é "apurar a notícia", como se diz no jargão da profissão jornalística. E apurar requer trabalho duro, composto de tempo, paciência e muita perspicácia para desconfiar das muitas "certezas" que aparecem quando se tem um fato polêmico pela frente.

SABER +

> "A difusão e o acesso a relatos e interpretações diferentes é condição para os cidadãos formarem com autonomia seus próprios juízos. Boa parte do que hoje é oferecido como jornalismo constitui propaganda. Pretende mais convencer do que informar. Quanto mais concentrado o jornalismo, menos democracia existe. A democracia vigorosa exige vozes múltiplas e distintas, e não pensamento único."

Mário Magalhães, jornalista e escritor, é colunista do *The Intercept Brasil* e foi *ombudsman* da *Folha de S. Paulo*. Recebeu prêmios jornalísticos e literários no Brasil e no exterior.

34

Facebook: canal de mídia ou plataforma de relacionamento?

Esta questão parece inocente, mas não é. No caso de ser considerado uma empresa de mídia, o Facebook seria visto como concessão pública, como prevê a Constituição da maior parte dos países e, nesse caso, as regras para o seu funcionamento seriam iguais às das outras mídias.

Perguntado sobre essa questão, Mark Zuckerberg, presidente do Facebook, riu e desconversou. No entanto, ele se contradiz quando afirma que a empresa tem duas responsabilidades em relação às notícias: "garantir que os usuários da rede recebam informações confiáveis e ajudá-los a construir um repertório comum de conhecimentos e fatos que permitam o debate entre eles".

Parece que a polêmica está longe de acabar....

CAMPANHA DE DESINFORMAÇÃO

Segundo Peter Warren Singer (doutor em gestão pública por Harvard, cientista político e consultor de filmes, séries de ação e videogames), na internet, a presença de *bots* (robôs) e *sockpuppets* (termo pejorativo para uma identidade falsa usada para fins fraudulentos dentro de uma comunidade da internet) é muito maior do que as pessoas imaginam.

As vozes artificiais têm sido fundamentais para alavancar audiência e provocar que um determinado tema ou assunto "bombe" na internet. "Basta observar os resultados de eleições recentes ao redor do mundo. Cerca de um terço das vozes *on-line* falando sobre o *Brexit* (saída do Reino Unido da Comunidade Europeia) eram *bots*", alerta o cientista.

35

Fonte: https://tinyurl.com/y53tc6cu.

GUERRA CONTRA A VERDADE

A utilização de robôs nas eleições americanas e na campanha do Brexit já foi assunto no mundo inteiro. Em 2018, na campanha presidencial brasileira, eles também estiveram presentes. Essa é uma questão que estará no centro das preocupações das mídias nos próximos anos. É preciso descobrir meios de coibir a ação dessas empresas de "disparos em massa". Estamos no meio de uma guerra virtual, por isso é preciso estar atentos.

- Pesquisadores acreditam que 400 contas-robô foram utilizadas apenas no Twitter durante a campanha do Brexit, no Reino Unido, que definiu a saída do país da União Europeia, em 2017.

- Segundo reportagem da BBC News, "a natureza mais aberta do Twitter – que, diferentemente do Facebook, não exige o nome verdadeiro do usuário nem proíbe contas automatizadas – facilita a proliferação de robôs em sua esfera".

- Pesquisadores das universidades do sul da Califórnia e de Indiana estimam que haja entre 9% e 15% de robôs no Twitter. A rede tem um total de cerca de 330 milhões de usuários – portanto, ao menos 29 milhões deles são robôs, segundo o levantamento.

Fonte: *BBC*. Disponível em: https://www.bbc.com/portuguese/brasil-42172154.

O pulo do gato – do Facebook para o WhatsApp

Como funciona o impulsionamento de mensagens tanto no Facebook como no Whatsapp?

O Facebook conhece e disponibiliza as informações dos perfis de seus usuários. A companhia deixa claro que nós podemos controlar de maneira satisfatória tudo o que outras pessoas podem ver no nosso perfil, como fotos, *likes* e conteúdo postado na linha do tempo. O ponto delicado está no fato de que não há como regular aquilo que o próprio Facebook pode identificar entre os dados pessoais compartilhados no nosso perfil.

E tudo piora muito quando essas informações sobre nosso comportamento vazam e vão para as mãos dos marqueteiros. O risco de sermos "usados" cresce enormemente. Então, passamos a receber conteúdos direcionados, preferencialmente aqueles que reforçam nossas crenças e opiniões pessoais, sejam eles verdadeiros ou falsos. Repassar e compartilhar esses conteúdos pelo WhatsApp para nossa rede de amigos e familiares é o grande "pulo do gato" para o *marketing*. Fazemos propaganda política sem nem desconfiar de que estamos sendo manipulados...

Uma reportagem nota 10
Molhou ou não molhou?

No dia 19 de julho de 2017, uma repórter da rádio CBN divulgou que moradores de rua da região central da cidade de São Paulo tiveram seus pertences molhados por jatos de água durante ação de limpeza de agentes da prefeitura logo às 7 horas da manhã, naquela que foi a madrugada mais fria do inverno paulistano daquele ano.

A notícia causou enorme e negativa repercussão contra a prefeitura, o que fez com que o prefeito de São Paulo à época, João Doria, divulgasse um vídeo na internet acusando a imprensa e a jornalista que cobriu o episódio de mentir e deturpar os fatos. A repórter da rádio CBN também recebeu inúmeras ofensas do MBL (Movimento Brasil Livre), grupo que apoiava o prefeito e, apesar de agressivos e nem sempre fiéis à verdade, muitas vezes, conforme publicou a CBN, tinha seus conteúdos difundidos por Doria nas redes sociais.

Ouça a gravação da reportagem feita e observe como todas as fontes foram ouvidas, como a repórter teve o cuidado de apurar as informações e como a reportagem, de modo bastante criterioso, vai desmontando os questionamentos feitos pelo então prefeito da cidade de São Paulo:

Ouça aqui a gravação:

https://tinyurl.com/ydexrnrp.

O SEGREDO ESTÁ NA "APURAÇÃO DAS NOTÍCIAS"

Uma das maiores referências do jornalismo internacional é o repórter norte-americano Gay Talese (1932-), que se tornou famoso por inaugurar o "novo jornalismo" ou jornalismo literário. Ele não só se baseava na investigação exaustiva dos fatos, mas escrevia de modo tão especial que mais parecia literatura, o que atraía a atenção de muitos leitores.

Destacado para escrever o perfil de Frank Sinatra, lá se foi ele atrás do cantor, que não quis ser entrevistado de forma alguma. Gay Talese, então, entrevistou TODO MUNDO, menos Frank Sinatra, e escreveu o texto intitulado "Frank Sinatra está resfriado", texto este que criou o maior alvoroço e interesse quando chegou às mãos dos leitores. É dele a expressão de que não há uma boa reportagem se o jornalista não "sujar os sapatos na lama", ou seja, tem que ir a campo e se aprofundar nos fatos. Ele é uma das grandes inspirações para quem quer ser bom jornalista.

Para saber mais sobre Gay Talese e como ele revolucionou o jornalismo com suas reportagens interessantes, entre no *link*: .

https://tinyurl.com/yxkekn22

Gay Talese

"O importante não é o que publico, mas o que não publico."

Roberto Marinho (1904-2003) – dono do Grupo Globo de Comunicação.

Quem tem a informação tem o poder. Poder de quê?

Jeffrey Sachs, Professor da Universidade de Columbia (EUA), diz que as cinco maiores empresas de tecnologia informacional (Apple, Amazon, Google, Facebook e Microsoft) não só monopolizam a informação como a distorcem.

O Prof. Sachs vai mais longe ainda e afirma, em entrevista ao jornal *Folha de S. Paulo* (21 nov. 2016, p. A14), que essas empresas "monitoram tudo o que fazemos e vendem nossa identidade, nossos hábitos de consumo e nossas preferências políticas". Ou seja, elas têm o poder de decidir o que vamos ver e como vão chegar as notícias no jornal ou na TV ou ainda na rádio; têm o poder de orientar o comportamento, a opinião e a leitura dos fatos dos seus leitores, telespectadores e ouvintes. Quando essas empresas compram conteúdos noticiosos de grandes e poderosas agências internacionais, estão selecionando o que nós vamos ou não saber sobre o que está acontecendo no mundo.

Isso é muito grave, não acha?

©WEBERSON SANTIAGO

> "As notícias já não são formadas pelas agências de notícias ou por jornalistas profissionais individuais, são um conjunto de pessoas: são os jornalistas profissionais, são as agências de notícias, são os cidadãos jornalistas que enviam informações."

Manuel Castells, sociólogo espanhol.

Pensar +

Você já percebeu que as informações que recebe na forma de *posts*, vídeos ou fotos estão quase sempre em sintonia com o que você pensa e acredita?

Ora, isso não é coincidência e sim manipulação da nossa identidade, que acaba produzindo um "mundo-espelho" ou mundo do "mais do mesmo". Com isso, desaprendemos a pensar, a ponderar, a ouvir e a aprender a compreender o ponto de vista do outro.

CRARY, Jonathan. 24/7. Capitalismo tardio e os fins do sono. São Paulo: Cosac Naify, 2014.

Saber +

Informação: um direito de todos

Serviço Público e liberdade de expressão – o que diz a nossa Constituição Federal

É fundamental que você saiba que ser informado é um direito constitucional. Logo, ter acesso às informações, às notícias e aos espaços e canais de divulgação também é um direito que ninguém pode tirar dos cidadãos brasileiros.

"Art. 220. A manifestação do pensamento, a criação, a expressão e a informação, sob qualquer forma, processo ou veículo não sofrerão qualquer restrição, observado o disposto nesta Constituição.

(...)

§ 5º Os meios de comunicação social não podem, direta ou indiretamente, ser objeto de monopólio ou oligopólio."

A Constituição Brasileira, em vigor desde 1988, define e garante a liberdade de expressão e de informação. Além disso, defende que não deve haver monopólio ou oligopólio no setor da comunicação, isto é, não pode haver poucas empresas com o controle da maior parte dos meios de comunicação (canais de TV, jornais, revistas etc.), pois o risco de eles manipularem os cidadãos é enorme. Quanto mais democrático é o país, maior é o grau de liberdade de expressão e de comunicação e mais democrática é a forma como defende o direito de acesso à informação.

Traduzindo, o que a nossa Constituição defende é o direito público a todo tipo de informação e à liberdade de expressão. Os canais de TV e as emissoras de rádio são serviços que pertencem a todo cidadão. São concessões públicas, isto é, o governo brasileiro cede o direito de exploração dessas mídias a indivíduos ou grupos empresariais.

O risco de a informação estar concentrada nas mãos de poucos empresários do setor de comunicação é mesmo grande. Veja o alerta que a Unesco (Organização das Nações Unidas para a Educação, a Ciência e a Cultura) faz:

> "A informação é a chave para a nossa compreensão do mundo, para a nossa habilidade de encontrar nele um papel significativo e para a nossa capacidade de aproveitar as fontes que nos são disponibilizadas. Quando a informação está concentrada nas mãos de poucos, ou apenas nas mãos das elites, a capacidade de o público tomar decisões e acessar informações torna-se bastante reduzida. A ética e o pluralismo nas mídias podem assegurar a transparência, a prestação pública de contas e o estado de direito".
>
> Fonte: WILSON, C.; GRIZZLE, A.; TUAZON, R.; AKYEMPONG, K e CHEUNG, C. *Alfabetização midiática e informacional: Currículo para formação de professores.* Brasília: Unesco, UFTM, 2013.

DIREITO À INFORMAÇÃO

Você sabia que, pela lei, deputados e senadores não podem ser donos de serviços de comunicação? Por que será?

Assista ao vídeo no *link* abaixo. De maneira fácil e interessante, vai ficar claro para você o que é o direito à informação e porque ela não deve estar vinculada a nenhum partido político.

http://www.ebc.com.br/regulacaodamidia.

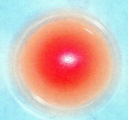

Alerta vermelho: o Brasil revela grande concentração dos meios de comunicação nas mãos de poucos

O resultado da pesquisa de Monitoramento da Propriedade da Mídia no Brasil (MOM), feita em parceria com a Intervozes (Coletivo Brasil de Comunicação, que luta pelo direito à comunicação) e o Repórteres Sem Fronteiras (RSF – organização não governamental internacional cujo objetivo declarado é defender a liberdade de imprensa no mundo), revelou que por aqui fica evidente o risco de termos uma mídia com grande poder nas mãos de poucos. Isso significa uma mídia que tem o poder de divulgar o que quer e como quer, sendo pouco transparente e plural, ou seja, só divulga o que interessa a determinados setores da sociedade e não a todos os cidadãos brasileiros. Entre os 11 países pesquisados pela RSF até agora, o Brasil é o mais negativo nesse quesito.

Imprensa livre tem tudo a ver com Democracia

Winston Churchill (primeiro ministro da Inglaterra no período de 1940-1945) disse que a democracia é o pior dos regimes políticos, mas que não há ainda outro melhor do que ela.

Todos sabemos que a liberdade de expressão é essencial para a democracia e para o estado democrático de direito. Nesse sentido, uma imprensa livre e independente é sinal positivo para todo país que defende os princípios democráticos.

Ditadura e censura

Notícia é um direito do cidadão. Não é possível manipular a informação. Informação manipulada é desinformação. Desinformação deixa o cidadão confuso. E censura é desinformação. Um dos indicadores mais importantes sobre o grau de democracia de um país é o grau de liberdade de imprensa que há naquele país.

Aqui no Brasil, a imprensa sofreu um duro golpe durante a ditadura. Naquela época, como relata o jornalista Florestan Fernandes, imperava a censura e havia nas emissoras de TV uma lista de palavras que não deveriam constar nos textos jornalísticos, tais como greve, ditadura e o nome de algumas pessoas, por exemplo, do arcebispo de Olinda e Recife, Dom Hélder Câmara, grande defensor dos direitos humanos.

Saiba mais sobre o assunto nessa entrevista do jornalista Florestan Fernandes ao Canal de TV 247, pela internet:

http://tinyurl.com/yxfawpal

Jornalismo e Censura

Ao que tudo indica, mesmo nos dias hoje é preciso manter aceso o princípio da liberdade do exercício jornalístico, pois no mundo todo e, particularmente, no Brasil a imprensa tem vivido dias de muita insegurança, evidenciado pelo número de mortes de seus profissionais. Segundo o Repórteres Sem Fronteiras, o Brasil é o 2º país da América Latina com o maior número de jornalistas mortos entre os anos de 2010 e 2017. Nesse período, 26 repórteres foram assassinados no exercício de sua função profissional.

Fonte: *Folha de S.Paulo*. Disponível em: https://tinyurl.com/y62rdkcy.

Como alerta Eugênio Bucci, a notícia jamais é falsa. "Ela pode estar errada ou colorir alguns aspectos, esquecendo-se de outros. Não se combate o erro ou a distorção com censura, mas sim com mais notícias, com o contraponto e o debate."

Fonte: "A saída é mais jornalismo". Marcos Lisboa. *Folha de S. Paulo*, 5 ago. 2018. Disponível em: https://tinyurl.com/y6qnx2f9.

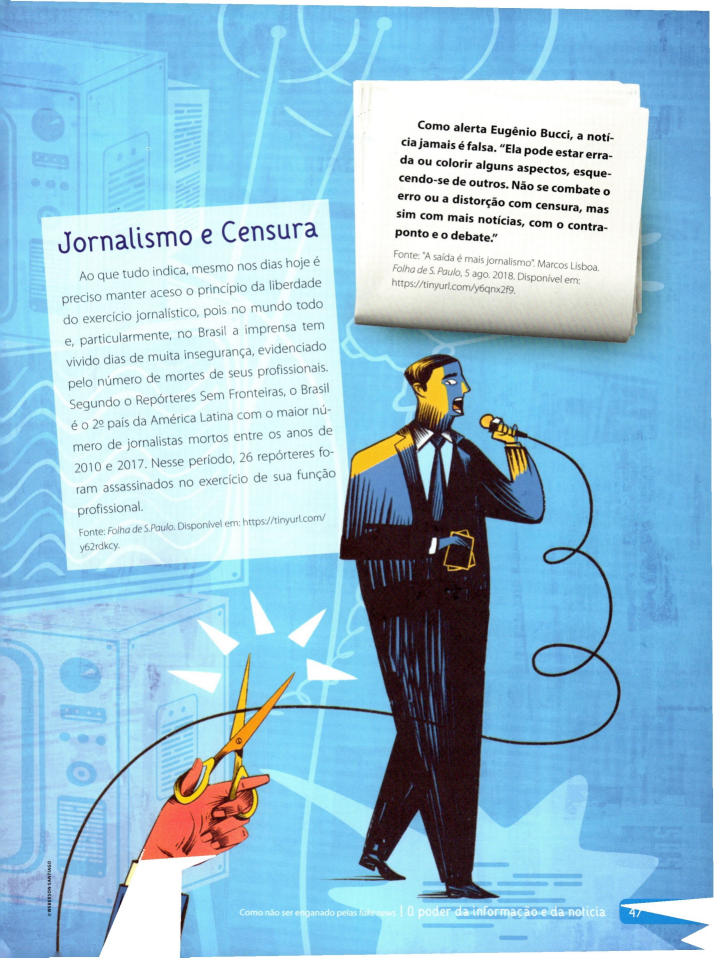

Política *versus* imprensa

Democracia, imprensa e política têm tudo a ver. A relação dos políticos com o jornalismo sempre foi, de alguma forma, íntima e conflitante. É certo que os políticos precisam de canais para fazer chegar aos eleitores suas ideias, projetos e realizações, mas quando seus atos políticos são questionados e criticados, rapidamente eles se voltam contra a imprensa e demonstram muita dificuldade em respeitar o direito à informação e a liberdade de expressão, e partem para desqualificar os profissionais jornalistas, muitas vezes processando-os juridicamente.

Em momentos de eleição a situação piora muito. Atualmente, com as mídias sociais, os políticos podem fazer campanha praticamente sem usar os canais tradicionais de comunicação. Porém, o clima de confronto e competição entre os candidatos produz muito mais *fake* do que *news*, isto é, grande parte das informações que circulam nas redes sociais, especialmente no WhatsApp, são pura invenção. E isso compromete o processo democrático que embasa as eleições.

Pensar +

Saber analisar criticamente uma notícia tem a ver com saber votar e escolher nossos governantes? Como as notícias impactam nossas decisões como cidadãos de direitos que somos?

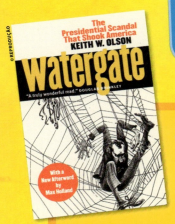

O CASO WATERGATE

Algumas investigações jornalísticas produziram importantes transformações políticas e culturais. Uma das mais famosas foi o caso Watergate, que culminou, em 1972, com a renúncia do presidente dos EUA, Richard Nixon. Dois repórteres do *The Washington Post* foram os responsáveis pela investigação.

Mais recentemente, em 2002, jornalistas do *The Boston Globe* iniciaram uma investigação que culminou em uma enorme lista de padres pedófilos. Essas publicações inspiraram o filme *Spotlight – Segredos Revelados,* de 2015.

Assista aos filmes que se inspiraram no caso Watergate e na renúncia do presidente norte-americano no *link*:

https://tinyurl.com/yazlgeoq

Noemi Jaffe é escritora, professora e crítica literária.

A MÍDIA E A COBERTURA ELEITORAL

Eleger é escolher, colher, ler, dialogar, 'logar' alguém digno de ocupar um cargo de responsabilidade. Eleição é leitura e colheita. Como elas, só rende bons frutos se for um processo lento e cuidadoso. A leitura demanda tempo, concentração, análise e interpretação. Para colher é necessário seleção, conhecimento, prática e até mesmo descarte. Nada a ver com imediatismo, *marketing*, redes sociais, *fake news* e suas conexões com as várias faces do narcisismo.

Noemi Jaffe. "'Eleger' é também 'colher', e bom eleitor é o que despoja-se de si". *Folha de S.Paulo*, 17 jan. 2018. Disponível em: https://tinyurl.com/y9uq3dnp.

A saída não é uma cobertura eleitoral apartidária, mas uma cobertura que tome o partido do eleitor. Como é que se faz isso?

Não se descobre o que o eleitor pensa e quer apenas com pesquisa. Os jornalistas que vão cobrir eventos de campanha se acotovelam em torno do candidato para conseguir arrancar alguma frase de efeito e conseguem entrar e sair desses eventos sem falar com os eleitores presentes.

Nós não acreditamos em nada do que ouvimos. Mas, e as pessoas presentes? Acreditaram no que ouviram? O evento mudou sua decisão de voto? O que deixou de ser dito?

Maria Cristina Fernandes no 2º Encontro Folha de Jornalismo, evento da *Folha de S.Paulo*, 20 fev. 2018.

Maria Cristina Fernandes é jornalista e colunista de política.

49

O poder do leitor

Leitor *versus* consumidor de notícias

Você se considera um leitor do que acontece no mundo ou você está mais para consumidor de fatos e notícias?

Faça um teste rápido e confira. Você:

BLOCO 1

1. Está sempre bem informado sobre o que acontece na cidade, no país e no mundo?
2. Procura se informar em mais de um canal ou mídia?
3. Seleciona as fontes e as informações?
4. Levanta dúvidas sobre o que lê ou assiste?
5. Leva em consideração opiniões contrárias às suas?
6. Procura ler e ouvir diferentes opiniões sobre um mesmo acontecimento?

BLOCO 2

1. Sabe do que acontece porque ouviu alguém falar?
2. Se informa por um único meio de comunicação?
3. Não procura saber se a fonte é confiável ou não?
4. Acredita em tudo que lê, vê ou ouve contar?
5. Tem opinião formada sobre tudo, mesmo sem conhecer os assuntos?
6. Não leva em consideração opiniões diferentes das suas?

Se você gabaritou o bloco 1, parabéns! Você pode se considerar bem informado e um bom leitor!

Mas se você respondeu afirmativamente ao maior número de perguntas do bloco 2, atenção. É provável que sua leitura das informações e das notícias esteja um pouco distraída. A isso chamamos de um comportamento de consumidor, ou seja, aquele que passa os olhos sobre as notícias, mas não reflete sobre elas. Não pergunta nem duvida de nada e sai acreditando na primeira versão dos fatos que lhe aparece pela frente.

Mas não se desespere: sempre é tempo de se transformar em um leitor atento e crítico!

ACONTECIMENTOS FATOS DADOS — Excesso de informação — **INFORMAÇÃO**

SABER +

CURADORIA DE INFORMAÇÃO – O QUE É ISSO?

Fazer a curadoria das informações é saber selecionar as fontes, os autores, as notícias, as explicações que fazem sentido, que ajudam a compreender como as coisas acontecem no mundo e por que estão do jeito que estão. É um exercício contínuo e, quanto mais o praticamos, mais rápido sabemos distinguir o que vale ou não a pena ser lido.

Como não ser enganado pelas *fake news* | O poder do leitor 53

Leitura crítica das mídias – como se faz?

A chave que destrava o pensamento crítico está muito mais na capacidade de fazer perguntas do que na de ter as respostas. Sempre que lemos alguma notícia e tomamos contato com a versão de um fato, é importante pensar, e, na sequência, perguntar, questionar, duvidar...

Pensar +

- ✓ Estamos vendo isso?
- ✓ O que está escondido atrás do que estamos vendo?
- ✓ A quem interessa a divulgação desse fato e não daquele?

Questões que devemos fazer sempre como um exercício de leitura crítica da realidade!

Quando era jovem, o grande escritor português José Saramago (1922-2010) ia ao Teatro de Ópera em Lisboa e, por ser mais barato, assistia à peça por detrás dos camarotes. Observado da plateia, o camarote tinha uma bela coroa dourada; vista por trás, ela era oca, com teias de aranha e empoeirada. Concluiu o famoso escritor, que

> "para se conhecer as coisas, há que dar-lhes a volta toda..."

Essa frase foi repetida em seu depoimento no documentário brasileiro *Janela da Alma* (2001, direção de João Jardim).

José Saramago

> Penso que a força está com o cidadão, com a sociedade. Há que se ter um investimento em educação midiática. Isso deveria envolver as escolas, as empresas, a comunidade, no sentido de que os cidadãos se capacitem para montar, cada um, o seu painel informativo.
>
> Cada pessoa deveria escolher um conjunto de fontes de informação, de preferência, diversas entre si. Fontes das quais saiba a origem, algum histórico, com as quais possa interagir e conhecer os métodos e princípios. E se informar a partir desse conjunto, que pode ser dinâmico e variável. E, essencial: não compartilhar nada às pressas, sem um mínimo de avaliação.
>
> As gigantes da tecnologia têm anunciado ferramentas para rastrear, identificar e combater as *fake news*, e isso também é positivo. Mas a força maior, penso, estará sempre nas mãos dos cidadãos.
>
> *Ricardo Gandour*

Ricardo Gandour é jornalista, diretor de jornalismo da Rede CBN de Rádio e professor da ESPM.

Mapa do leitor crítico

SEJA UM LEITOR PESQUISADOR
Hoje é fácil começar uma pesquisa, basta "dar um google" e temos à disposição muitos dados, informações e comentários sobre o tema que buscamos.

①

DICA: o desafio é selecionar fontes confiáveis. Busque *sites* e opiniões de especialistas que têm estudado o tema. Aos poucos você vai aprendendo a ir direto às fontes nas quais confia.

④

SEJA UM LEITOR DE NÚMEROS E PESQUISAS
Os números, a depender de como se olha para eles, podem levar a análises e conclusões diferentes e até contraditórias.

DICA: acesse a mesma pesquisa comentada por mídias e analistas diferentes. A interpretação de cada um com certeza vai lhe trazer elementos para entender melhor o assunto e formar sua própria opinião.

SEJA UM LEITOR-PENSADOR
Em tempos de redes sociais e respostas rápidas, não tire conclusões apressadas.

⑤

DICA: converse, discuta, analise os fatos. Pense muito e, só se for o caso, compartilhe.

56

2

SEJA UM LEITOR QUE SABE OUVIR O OUTRO LADO
Ler outros estudos sobre o tema. Comparar versões e pontos de vista diferentes.

DICA: que tal conhecer o que pensam outras pessoas ou instituições sobre o mesmo tema? Só assim você cria recursos de argumentação.

3

SEJA UM LEITOR PERGUNTADOR
Se você se deparou com informações contraditórias, faça perguntas para sair do impasse e comece a formar sua opinião sobre o assunto.

DICA: por que será que...? A quem interessa ...? Quem é que está dizendo isto? Quem não concorda com o que está sendo dito? Por quê?

CUI BONNO?

Um leitor crítico é aquele que percebe que tudo o que é divulgado tem um "outro lado", ou seja, merece uma avaliação criteriosa. Não é à toa que a célebre expressão em latim *cui bonno?* (a quem interessa?) tornou-se até nome de operação policial.

Saber que sempre há alguém interessado em que determinado fato ou história seja relatado de determinada maneira já é um bom começo de conversa para quem quer se tornar um leitor crítico e competente na Era da Informação.

Por que este livro está longe da acabar?

Convidamos você, jovem leitor,

a seguir conosco acompanhando o mundo da informação e da notícia. Como você viu, não é possível sobreviver a essa avalanche de notícias sem aprender a selecionar o que é importante para estar bem informado e, assim, atuar como um cidadão consciente, crítico, capaz de transformar o mundo em que vivemos. As ferramentas estão aqui, acreditamos que agora você já sabe como se mover nessa floresta densa e repleta de atalhos.

O exercício diário de escolher, perguntar, querer saber com certeza vai ensiná-lo outros caminhos e possibilidades. Como tudo se move e está em constante transformação nessa Era da Informação, sabemos que há muito o que discutir e aprimorar quando se trata das relações dos seres humanos com a comunicação. Enquanto houver alguém querendo se expressar, haverá conflitos de interesses, debates, opiniões divergentes e também possibilidades de acordos e de paz. Esse é o grande sentido da informação e do conhecimento: promover o entendimento entre os homens e, com isso, uma convivência mais justa e pacífica.

Com certeza nos encontraremos por aí: nas mídias, nas redes sociais, nas escolas, nos muitos lugares que existem para aprendermos a nos comunicar melhor.

Até já!

Por que, ao final dos livros, há sempre uma referência bibliográfica ou bibliografia consultada ou apenas bibliografia? Será que a gente tem de prestar atenção nisso?

SIM, com certeza! Ainda mais em tempos de internet, onde parece que todo mundo sabe tudo sobre tudo e é fácil se perder num mar de informações!

A bibliografia é o conjunto de referências que o autor usou para compor seu livro; são as fontes – que, espera-se, sejam sempre fidedignas, confiáveis – que ele usou para assegurar – ou não – o que diz em seu livro.

E elas são fundamentais para quem quer saber se pode confiar no que leu, para quem quer continuar sabendo mais sobre o assunto ou, ainda, para quem quer ensinar sobre ele.

Então, selecionamos a seguir um conjunto de livros e *sites* que podem servir como referência para você saber mais sobre o mundo das informações e das *fake news*. O tema é complexo e abrangente, e com certeza vai estar, por muito tempo, no centro das preocupações dos cidadãos do mundo inteiro.

LIVROS

BOTTON, Alain de. **Notícias, manual do usuário**. São Paulo: Intrínseca, 2015.

FERRARI, Pollyana. **Como sair das bolhas**. São Paulo: Armazém da Cultura, 2018.

HARARI, Yuval Noah. **21 lições para o século 21**. São Paulo: Cia. das Letras, 2018.

KAKUTANI, Michiko. **A morte da verdade:** notas sobre a mentira na era Trump. São Paulo: Intrínseca, 2018.

Programa de Alfabetização Midiática da Unesco (*download* gratuito do currículo para a formação de professores): http://unesdoc.unesco. org/images/0022/002204/220418por.pdf.

Sobrevivendo nas redes: Guia do Cidadão (download gratuito – Fundação Santillana): https://www.moderna. com.br/lumis/portal/file/fileDownload. jsp?fileId=8A808A8262600C59016269123DF37A4A.

VÍDEOS

Entrevista com o pesquisador Aviv Ovadya sobre as consequências do uso de tecnologias avançadas para a produção de mentiras espalhadas pelas redes sociais. Disponível em: https://tinyurl.com/yccx7a3l.

Programa Greg News, apresentado por Gregório Duvivier (HBO-BR). Com muito humor e inteligência, o apresentador fala sobre as *fake news*: https://www.youtube.com/ watch?v=V4E0yXQeI2Y.

ARTIGOS

A urgência da alfabetização midiática, de Regina Augusto para *Meio & Mensagem*. http://tinyurl.com/y3msj7oa.

Será ficção ou *fake news*, de Januária Cristina Alves para o *Blog da Letrinhas*. http://www.blogdaletrinhas.com.br/conteudos/ visualizar/Sera-ficcao-ou-fake-news

Uma educação necessária, de Gilberto Scofield Jr. para a *Folha de S.Paulo*. http://tinyurl.com/y5gkazft.

PORTAIS

Selecionamos alguns portais que podem ser interessantes, seja para aprofundar a conversa sobre informação, notícia e *fake news*, seja para consultar algumas agências que se especializaram em checagem e verificação de informação.

Boatos.org: https://www.boatos.org/.

Estadão Verifica: https://tinyurl.com/y6m7ysuj.

Fato ou *Fake*: https://g1.globo.com/fato-ou-fake/.

Lupa: https://piaui.folha.uol.com.br/lupa/.

Manual da credibilidade: www.manualdacredibilidade.com.br.

Observatório da Imprensa: http://observatoriodaimprensa.com.br/.

Publica: https://apublica.org/quem-somos.

FERRAMENTAS PARA VERIFICAR IMAGENS E *POSTS* DE REDES SOCIAIS

Não tem certeza se uma imagem está sendo apresentada como realmente é? A ferramenta de busca inversa de imagens do **TinEye** (https://www.tineye.com/) pode ajudar a determinar a data e a hora em que a foto foi tirada e também onde mais a imagem foi publicada na *web*. Você pode usar o **Google Image Search** (https://images.google.com/) para o mesmo fim.

Há, também, um *bot* pra detectar *fake news* desenvolvido pela USP e pela UFSCar. É simples de usar: basta colar a notícia e uma avaliação automática é gerada: https://tinyurl.com/y35j45rz.

FERRAMENTAS PARA VERIFICAR DECLARAÇÕES POLÍTICAS NO BRASIL

O **Aos fatos** (http://aosfatos.org) busca verificar as declarações feitas por autoridades brasileiras, investigando se suas reivindicações e promessas são realmente verdadeiras ou não. O *site*, fundado por colaborações do público, classifica discursos, documentos e anúncios em quatro categorias diferentes: falso, exagerado, impreciso e verdadeiro.

O **Projeto Comprova** (https://projeto-comprova.com.br/) reúne 24 veículos de mídia em trabalho colaborativo contra as *fake news* nas eleições.

(Todos os *sites* listados neste livro foram acessados em 16 de abril de 2019)

Sobre as autoras

Flávia Aidar estava no jornal *Folha de S. Paulo* concebendo e estruturando um programa de formação de professores para o uso do jornal em sala de aula, o "Folha Educação". **Januária Cristina Alves** levou para Flávia sua tese de mestrado sobre o uso do jornal na escola como um instrumento de expressão. Unidas pela mesma crença de que o trabalho com as notícias poderia ajudar a formar leitores competentes, críticos e capazes de exercer sua cidadania de maneira mais consciente, elas iniciaram uma parceria que já dura 25 anos. Juntas, estiveram por 13 anos no programa da *Folha*; ministraram palestras, cursos, oficinas pelo Brasil afora; ganharam um Prêmio Jabuti de Literatura com o livro *Para ler e ver com olhos livres*, que trata de leitura de imagens. Agora celebram o trabalho conjunto com o livro que você tem nas mãos.

Era um sonho antigo de ambas fazer chegar aos jovens brasileiros uma reflexão sobre o poder da informação na vida de todos os habitantes do planeta. Por ser um tema tão importante e complexo, elas precisaram de todo esse tempo de reflexão para conseguir escrever sobre ele de uma maneira agradável e útil para essa nova geração, para vocês, que são da geração Z.

O desafio foi imenso, mas as duas o enfrentaram com muita seriedade, pesquisa e especialmente com muita responsabilidade, porque acreditam que somente com leitores bem informados e conscientes poderemos vencer os preconceitos, o discurso do ódio e a desinformação, que só geram ignorância e sofrimento.

Que este livro, *Como não ser enganado pelas fake news*, seja uma contribuição para tornar o mundo mais justo e democrático.